열두 개의 달 시화집 플러스 七月
천둥소리가 저 멀리서 들려오고

■일러두기
시인 고유의 필치(筆致)를 살리기 위해 표기와 맞춤법은 되도록 초판본을 따랐습니다.

천둥소리가 저 멀리서 들려오고

열두 개의 달 시화집 플러스 七月.
윤동주 외 지음 — 제임스 휘슬러 그림

JAMES WHISTLER

차례

一日。 만엽집의 단가

二日。 비 오는 밤 _윤동주

三日。 어느 여름날 _노자영

四日。 청포도 _이육사

五日。 비 _백석

六日。 장마 _고석규

七日。 하이쿠 _마사오카 시키

八日。 빨래 _윤동주

九日。 기왓장 내외 _윤동주

十日。 나의 창(窓) _윤곤강

十一日。 눈물이 쉬루르 흘러납니다 _김소월

十二日。 수풀 아래 작은 샘 _김영랑

十三日。 비 갠 아침 _이상화

十四日。 할아버지 _정지용

十五日。 사과 _윤동주

十六日。　　밤에 오는 비 _허민
十七日。　　하이쿠 _다이구 료칸
十八日。　　맑은 물 _허민
十九日。　　반달과 소녀(少女) _한용운
二十日。　　하일소경(夏日小景) _이장희
二十一日。　창문 _장정심
二十二日。　하이쿠 _사이교
二十三日。　별바다의 기억(記憶) _윤곤강
二十四日。　잠자리 _윤곤강
二十五日。　외갓집 _윤곤강
二十六日。　하이쿠 _고바야시 잇사
二十七日。　바다 1 _정지용
二十八日。　물결 _노자영
二十九日。　하답(夏畓) _백석
三十日。　　선우사(膳友辭) - 함주시초(咸州詩抄) 4 _백석
三十一日。　햇비 _윤동주

천둥소리가 저 멀리서 들려오고
구름이 끼어서 비라도 내리지 않을까
그러면 널 붙잡을 수 있을 텐데

—

천둥소리가 저 멀리서 들리며
비가 내리지 않는다 해도
당신이 붙잡아 주신다면

만엽집의 단가 中

鳴る神の 少し響みて
さし曇り 雨も降らぬか
きみを留めむ

―

鳴る神の 少し響みて
降らずとも
吾は留まらむ 妹し留めば

비 오는 밤

윤동주

쏴! 철석! 파도소리 문살에 부서져
잠 살포시 꿈이 흩어진다.

잠은 한낱 검은 고래떼처럼 살래어,
달랠 아무런 재주도 없다.

불을 밝혀 잠옷을 정성스리 여미는
삼경(三更).
염원(念願)

동경의 땅 강남에 또 홍수질 것만 싶어,
바다의 향수보다 더 호젓해진다.

어느 여름날

노자영

비가 함박처럼 쏟아지는 어느 여름날 ──
어머니는 밀전병을 부치기에 골몰하고
누나는 삼을 삼으며 미나리 타령을 불러

밀짚 방석에 가로누워 코를 골든 나는
미나리 타령에 잠이 깨어 주먹으로 눈을 부비며
"선희도 시집이 가고 싶은가 보군. 노래를 부르고!"

누나는 얼굴이 붉어지고
외양간의 송아지도 엄매! 하며
그 소리 부럽던 날 ──
이 날은 벌써 스무 해 전 옛날이었다.

청포도

이육사

내 고장 칠월(七月)은
청포도가 익어가는 시절

이 마을 전설이 주저리 주저리 열리고
먼데 하늘이 꿈꾸며 알알이 들어와 박혀

하늘밑 푸른 바다가 가슴을 열고
흰 돛단배가 곱게 밀려서 오면

내가 바라는 손님은 고달픈 몸으로
청포를 입고 찾아온다고 했으니

내 그를 맞아 이 포도를 따 먹으면
두 손은 함뿍 적셔도 좋으련

아이야 우리 식탁엔 은쟁반에
하이얀 모시 수건을 마련해 두렴

비

백석

아카시아들이 언제 흰 두레방석을 깔았나
어데서 물쿤 개비린내가 온다

장마

고석규

바람에 앞서며 강(江)이 흘렀다
강보다 너른 추세(趨勢)였다.

몸을 내리는 것은 어두움과
푸를적한 안개의 춤들.

더부러 오는 절류(絶流)가에
웃녘의 실지(失地)들을 바라보며
앉았고 서고 남았다.
망서리는 우리들이었다.

손바닥 안의
반딧불이 한 마리
그 차가운 빛

手の内に蛍つめたき光かな

마사오카 시키

七日

빨래
                                    윤동주

빨랫줄에 두 다리를 드리우고
흰 빨래들이 귓속 이야기하는 오후,

쨍쨍한 칠월 햇발은 고요히도
아담한 빨래에만 달린다.

기왓장 내외

윤동주

비오는날 저녁에 기왓장내외
잃어버린 외아들 생각나선지
꼬부라진 잔등을 어루만지며
쭈룩쭈룩 구슬퍼 울음웁니다.

대궐지붕 위에서 기왓장내외
아름답든 옛날이 그리워선지
주름잡힌 얼굴을 어루만지며
물끄러미 하늘만 처다봅니다.

나의 창(窓)

윤곤강

등불 끄고 물소리 들으며
고이 잠들자

가까웠다 멀어지는
나그네의 지나는 발자취…

나그네 아닌 사람이 어디 있더냐
별이 지고 또 지면

달은 떠 오리라
눈도 코도 잠든 나의 창에…

눈물이 쉬루르 흘러납니다

김소월

눈물이 수르르 흘러납니다,
당신이 하도 못 잊게 그리워서
그리 눈물이 수르르 흘러납니다.

잊히지도 않는 그 사람은
아주 나 내버린 것이 아닌데도,
눈물이 수르르 흘러납니다.

가뜩이나 설운 맘이
떠나지 못할 운(運)에 떠난 것도 같아서
생각하면 눈물이 수르르 흘러납니다.

수풀 아래 작은 샘

김영랑

수풀 아래 작은 샘
언제나 흰구름 떠가는 높은 하늘만 내어다보는
수풀 속의 맑은 샘
넓은 하늘의 수만 별을 그대로 총총 가슴에 박은 작은 샘
두레박이 쏟아져 동이 갓을 깨지는 찬란한 떼별의 흩는 소리
얽혀져 잠긴 구슬손결이
웬 별나라 휘 흔들어버리어도 맑은 샘
해도 저물녘 그대 종종걸음 휜 듯 다녀갈 뿐 샘은 외로와도
그 밤 또 그대 날과 샘과 셋이 도른도른
무슨 그리 향그런 이야기 날을 새웠나
샘은 애끈한 젊은 꿈 이제도 그저 지녔으리
이 밤 내 혼자 내려가 볼꺼나 내려가 볼꺼나

비 갠 아침

이상화

밤이 새도록 퍼붓던 그 비도 그치고
동편 하늘이 이제야 불그레하다
기다리는 듯 고요한 이 땅 위로
해는 점잖게 돋아 오른다.

눈부시는 이 땅
아름다운 이 땅
내야 세상이 너무도 밝고 깨끗해서
발을 내밀기에 황송만 하다.

해는 모든 것에서 젖을 주었나 보다.
동무여, 보아라,
우리의 앞뒤로 있는 모든 것이
햇살의 가닥 — 가닥을 잡고 빨지 않느냐.

이런 기쁨이 또 있으랴.
이런 좋은 일이 또 있으랴.
이 땅은 사랑 뭉텅이 같구나.
아, 오늘의 우리 목숨은 복스러워도 보인다.

할아버지

정지용

할아버지가
담배ㅅ대를 물고
들에 나가시니,
궂은 날도
곱게 개이고,

할아버지가
도롱이를 입고
들에 나가시니,
가믄 날도
비가 오시네.

사과

윤동주

붉은 사과 한 개를
아버지, 어머니
누나, 나, 넷이서
껍질채로 송치까지
다 — 논아먹엇소.

밤에 오는 비
허민

추억의 덩굴에 눈물의 쓰린 비
피었던 금잔화는 시들어 버린다

처마 끝 떨어지는 어둠의 여름비
소리도 애처로워 가슴은 쓰린다

옛날은 어둠인가 멀어졌건만
한 일은 빗소린가 머리에 들린다

뒤숭한 이 밤을 새우지 못하는
젊은이 가슴 깊이 옛날을 그린다

十七日

탁발 그릇에
내일 먹을 쌀 있다
저녁 바람 시원하고

鉄鉢に明日の米あり夕涼み

다이구 료칸

맑은 물

허민

숲 사이로 흐르는 맑은 물들은
함께 서로 손잡고 흘러나리네
서늘스런 그 자태 어디서 왔나
구름 나라 선물로 이 땅에 왔네

졸졸졸졸 흐르는 맑은 물들은
이 땅 우의 거울이 되어 있어요
구름 얼굴 하늘을 아듬어 있고
저녁 별님 반짝을 감추고 있네

숲 사이에서 흐르는 맑은 물들아
너희들의 앞길이 어드메느냐
동쪽 나라 바다로 길을 걷느냐
아침 해님 모시려 흘러가느냐

졸졸졸졸 흐르는 맑은 물에게
어린 솜씨 만들은 대배를 띄네
어머니가 그곳서 이 배를 타고
오도록만 비옵네 풀피리 부네

반달과 소녀(少女)

한용운

옛 버들의 새 가지에
흔들려 비치는 부서진 빛은
구름 사이의 반달이었다.

뜰에서 놀든 어엽분 소녀(少女)는
「저게 내 빗(梳)이여」하고 소리쳤다.
발꿈치를 제겨드듸고
고사리 같은 손을 힘 있게 들어
반달을 따려고 강장강장 뛰었다.

따려다 따지 못하고
눈을 할낏 흘기며 손을 놀렸다.
무릇각시의 머리를 씨다듬으며
「자장자장」하더라.

하일소경(夏日小景)

이장희

운모(雲母)같이 빛나는 서늘한 테이블.
부드러운 얼음, 설탕, 우유(牛乳).
피보다 무르녹은 딸기를 담은 유리잔(琉璃盞).
얇은 옷을 입은 저윽히 고달픈 새악시는
기름한 속눈썹을 깔아메치며
가냘픈 손에 들은 은(銀)사시로
유리잔(琉璃盞)의 살찐 딸기를 부수노라면
담홍색(淡紅色)의 청량제(淸凉劑)가 꽃물같이 흔들린다.
은(銀)사시에 옮기인 꽃물은
새악시의 고요한 입술을 앵도보다 곱게도 물들인다.
새악시는 달콤한 꿈을 마시는 듯
그 얼굴은 푸른 잎사귀같이 빛나고
콧마루의 수은(水銀) 같은 땀은 벌써 사라졌다.
그것은 밝은 하늘을 비추어 작은 못 가운데서
거울같이 피어난 연(蓮)꽃의 이슬을
헤엄치는 백조(白鳥)가 삼키는 듯하다.

창문

장정심

때는 여름 찌는 듯한 날인데
홀로 심심하게 누워서 책을 읽다
무엇이 푸덕푸덕 하기에 찾아보니
참새 한 마리 열린 창문으로 들어왔소

두론 문은 그대로 열려 있었소
찾지 못하고 이리저리 허덕대기에
인생도 역시 역경에 방황할 때 저렇거니
너무도 가엾어 사방문을 열어 주었소

누군가 오려나
달빛에 이끌려서
생각하다 보니
어느 틈에 벌써
날이 새고 말았네

誰来なん月の光にさそはれてと
思ふに夜半の明けぬなるかな

사이교

二十二日

별바다의 기억(記憶)

           윤곤강

마음의 광야(曠野) 위에
푸른 눈동자를 가진 밤이 찾아들면

후줄근히 지친 넋은
병든 소녀처럼 흐느껴 울고

울어도 울어도
풀어질 줄 모르는 무거운 슬픔이
안개처럼 안개처럼
내 침실의 창기슭에 어리면

마음의 허공에는
고독의 검은 구름이
만조처럼 밀려들고

— 이런 때면 언제나
별바다의 기억이
제비처럼 날아든다

내려다보면
수없는 별떼가
무논 위에 금가루를 뿌려 놓고

건너다 보면
어둠 속을 이무기처럼
불 켠 밤차가 도망질치고

쳐다보면
붉은 편주처럼 쪽달이
둥실 하늘바다에 떠 있고

우리들은
나무 그림자 길게 누운 논뚝 위에서
퇴색(退色)한 마음을 주홍빛으로 염색(染色)하고
오고야 말 그 세계의 꽃송이 같은 비밀을
비둘기처럼 이야기했더니라

잠자리

윤곤강

능금처럼 볼이 붉은 어린애였다
울타리에서 잡은 잠자리를
잿불에 끄슬려 먹던 시절은

그때 나는 동무가 싫었다
그때 나는 혼자서만 놀았다

이웃집 순이와 짚누리에서
동생처럼 볼을 비비며 놀고 싶었다

그때부터 나는 부끄럼을 배웠다
그때부터 나는 잠자리를 먹지 않았다

외갓집

윤곤강

엄마에게 손목 잡혀
꿈에 본 외갓집 가던 날
기인 기인 여름해 허둥 지둥 저물어
가도 가도 산과 길과 물뿐……

별떼 총총 못물에 잠기고
덩굴 속 반딧불 흩날려
여호 우는 숲 저 쪽에
흰 달 눈썹을 그릴 무렵

박넝쿨 덮인 초가 마당엔
집보다 더 큰 호두나무 서고
날 보고 웃는 할아버지 얼굴은
시들은 귤처럼 주름졌다

얼마나 운이 좋은가
올해에도 모기에 물리다니

目出度さは今年のに蚊にも食われたり

고바야시 잇사

바다 1

정지용

오·오·오·오·오· 소리치며 달려 가니
오·오·오·오·오· 연달어서 몰아 온다.

간 밤에 잠살포시
머언 뇌성이 울더니,

오늘 아침 바다는
포도빛으로 부풀어젓다.

철석, 처얼석, 철석, 처얼석, 철석,
제비 날어들 듯 물결 새이새이로 춤을 추어.

물결

노자영

물결이 바위에
부딪치면은
새하얀 구슬이
떠오릅디다.

이 맘이 고민에
부딪치면은
시커먼 눈물만
솟아납디다.

물결의 구슬은
해를 타고서
무지개 나라에
흘러가지요……

그러나 이 마음의 눈물은
해도 없어서
설거푼 가슴만
썩이는구려.

하답(夏畓)

백석

짝새가 발뿌리에서 닐은 논드렁에서 아이들은
개구리의 뒷다리를 구워먹었다

게구멍을 쑤시다 물쿤하고 배암을 잡은 늪의
피 같은 물이끼에 햇볕이 따그웠다

돌다리에 앉어 날버들치를 먹고 몸을 말리는
아이들은 물총새가 되었다

선우사(膳友辭) - 함주시초(咸州詩抄) 4

백석

낡은 나조반에 흰밥도 가재미도 나도 나와 앉아서
쓸쓸한 저녁을 맞는다

흰밥과 가재미와 나는
우리들은 그 무슨 이야기라도 다 할 것 같다
우리들은 서로 미덥고 정답고 그리고 서로 좋구나

우리들은 맑은 물밑 해정한 모래톱에서 하구 긴
날을 모래알만 헤이며 잔뼈가 굵은 탓이다
바람 좋은 한벌판에서 물닭이 소리를 들으며
단이슬 먹고 나이 들은 탓이다
외따른 산골에서 소리개 소리 배우며 다람쥐
동무하고 자라난 탓이다

우리들은 모두 욕심이 없어 희여졌다
착하디착해서 세관은 가시 하나 손아귀 하나 없다
너무나 정갈해서 이렇게 파리했다

우리들은 가난해도 서럽지 않다
우리들은 외로워할 까닭도 없다
그리고 누구 하나 부럽지도 않다

흰밥과 가재미와 나는
우리들이 같이 있으면
세상 같은 건 밖에 나도 좋을 것 같다

햇비

윤동주

아씨처럼 나린다
보슬보슬 해ㅅ비
맞아주자 다 같이
―옥수숫대처럼 크게
―닷자엿자 자라게
―햇님이 웃는다
―나보고 웃는다.

하늘다리 놓였다
알롱알롱 무지개
노래하자 즐겁게
―동무들아 이리 오나
―다 같이 춤을 추자
―햇님이 웃는다
―즐거워 웃는다.

The Blue Girl 1872-1874

Harmony in Flesh Colour and Red 1869

Grey and Silver - Chelsea Wharf
1864-1868

Nocturne in Blue and Silver: The Lagoon,
Venice 1879-1880

Nocturne in Black and Gold - The Falling Rocket 1875

Nocturne: Battersea Bridge 1872-1873

Purple and Rose: The Lange Leizen of the Six Marks 1864

Reading by Lamplight 1858

Seascape, Dieppe 1884-1886

Nocturne: Blue and Gold-Southampton Water 1872

Note in Gold and Silver - Dordrecht 1884

Nocturne: Silver and Opal 1889

Grey and Silver- Old Battersea Reach 1863

Battersea Reach 1863

Flower Market 1885

A Shop with a Balcony 1899

Boutique de Boucher: The Butcher's Shop 1858

A White Note 1861

Nocturne Grey and Silver 1873-1875

Chelsea Shops 1885

Southend Pier 1883-1884

Variations in Flesh Colour and Green - The Balcony 1864-1879

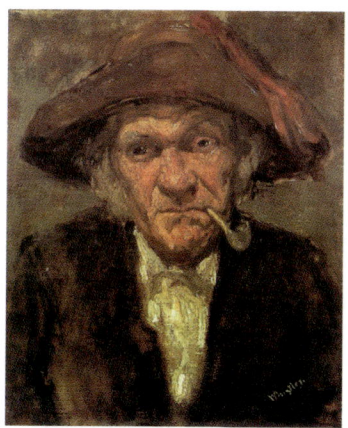

Man Smoking a Pipe 1859

Note in Opal the Sands Dieppe 1885

Nocturne: Black and Red-Back Canal, Holland 1883

Bathing Posts 1893

The Yellow Room 1883-1884

Alice Butt 1895

Study for Mouth of the River 1877

Harmony in Yellow and Gold: The Gold Girl-Connie Gilchrist 1876-1877

Pink note: The novelette 1884

Pink note: Shelling Peas 1883-1884

Sketch for Nocturne in Blue and Gold Valparaiso Bay 1866

Nocturne: Blue and gold - Old Battersea Bridge 1875

Note in Red, the Siesta 1875

Harmony in Grey and Green: Miss Cicely Alexander 1873

Green and Silver- Beaulieu, Touraine 1888

Study in Black and Gold 1883-1884

Symphony in White, No. 1: The White Girl
1862

Nocturne: Blue and Silver-Chelsea 1871

Wapping 1860-1864

Green and Silver: The Bright Sea, Dieppe 1883-1885

Symphony in Grey and Green: The Ocean 1866-1872

Coast of Brittany (Alone with the Tide) 1861

Violet and Blue: The Little Bathers 1888

Nocturne: Blue and Gold-Southampton Water 1872

Harmony in Blue and Silver: Trouville 1865

Colour Scheme for the Dining-Room of Aubrey House 1873

Arrangement in Grey and Black No.1: Portrait of the Artist's Mother 1871

Symphony in White No. 2: The Little White Girl 1864

7월의 화가와 시인 이야기

색으로 그린 심포니,
제임스 휘슬러 이야기

제임스 휘슬러

제임스 휘슬러는 1834년 7월 10일, 미국 매사추세츠주 로웰에서 태어났다. 그의 아버지는 철도 엔지니어로, 1843년 가족과 함께 러시아 상트페테르부르크로 이주하여 차르 니콜라이 1세의 초청으로 철도 건설에 참여했다. 어린 휘슬러는 제국 미술 아카데미(Imperial Academy of Fine Arts)에서 미술 교육을 받으며 예술적 재능을 키웠다. 1849년 아버지의 사망 이후 가족은 미국으로 돌아왔고, 휘슬러는 1851년 웨스트포인트 육군사관학교에 입학했다. 그러나 규율에 적응하지 못하고 화학 과목에서 낙제하여 1854년 퇴학당했다. 이후 그는 예술에 전념하기로 결심하고 1855년 파리로 건너가 에콜 임페리알(École Impériale)에서 수학하며, 샤를 가브리엘 글레르(Charles Gleyre)의 지도를 받았다. 이 시기 그는 인상주의 화가들과 교류하며 예술적 시야를 넓혔다.

1859년 런던으로 이주한 휘슬러는 대부분의 생애를 그곳에서 보냈다. 그는 '예술을 위한 예술(Art for Art's Sake)'이라는 철학을 실천하며, 작품에 음악적 용어인 '심포니', '녹턴', '하모니' 등을 사용하여 색채와 구도의 조화를 강조했다. 휘슬러는 또한 일본 미술의 영향을 받아 〈푸른색과

금색의 조화: 공작의 방(Harmony in Blue and Gold: The Peacock Room)〉과 같은 작품을 통해 동서양의 미적 요소를 융합했다. 그의 예술은 감정과 분위기를 중시하는 '토널리즘(Tonalism)'의 선구자로 평가받으며, 현대 미술의 발전에 큰 영향을 미쳤다.

사실주의와 감각적 탐색의 출발점

1855년 파리로 건너간 제임스 휘슬러는 이 시기 동안 프랑스 아카데믹 미술과 사실주의 전통의 영향 아래 자신의 화풍을 형성해나갔다. 그는 샤를 글레르의 아틀리에에서 고전적 기법을 익히고, 동시에 구스타브 쿠르베(Gustave Courbet)의 사실주의 정신에 공감하며 현실의 세계를 관찰하고 묘사하는 데 집중했다. 이 시기의 대표작인 〈피아노 앞에서(At the Piano)〉는 어머니와 조카를 실내 공간 속에 배치한 작품으로, 정적인 구성과 부드러운 조명, 세밀한 묘사에서 아카데믹 회화의 전통과 개인적 감수성이 조화를 이루고 있다. 휘슬러는 이 시기 작품에서 주로 가족이나 도시의 일상적인 장면을 담아내며, 관찰자의 시선으로 삶의 정적 순간을 포착하려 했다.

이와 함께 휘슬러는 판화와 드로잉에서도 두각을 드러냈다. 특히 1859년부터 런던 템스강 주변을 주제로 제작한 에칭 시리즈는 도시의 산업화된 풍경과 그 속에서 살아가는 사람들의 모습을 예리하게 담아냈다. 단순한 풍경 묘사를 넘어서, 선과 음영을 통한 구성적 실험을 시도하며 회화 외의 매체에서도 자신만의 예술 언어를 확장해나갔다. 이 시기의 휘슬러는 여전히 전통적 회화 문법에 기대고 있지만, 색채의 조화나 장면의 정적 분위기를 중시하는 경향이 서서히 드러나며, 훗날 토널리즘과 음악적 회화 양식으로 나아가는 발판을 마련하게 된다.

Brown and Silver: Old Battersea Bridge 1859

The Beach at Selsey Bill 1865

Morning Glories 1869

휘슬러의 예술적 자율성의 확립

1866년부터 1880년까지의 시기는 제임스 휘슬러가 본격적으로 자신만의 예술 철학을 정립하고, 회화에서의 '음악적 구성'이라는 독자적 양식을 발전시킨 시기였다. 그는 이 무렵부터 작품에 녹턴(Nocturne), 심포니(Symphony), 어레인지먼트(Arrangement) 같은 음악 용어를 제목으로 붙이기 시작하며, 회화를 이야기나 사실의 재현이 아닌 감각과 분위기의 전달로 접근했다. 대표작인 〈회색과 검은색의 편곡 1번(Arrangement in Grey and Black No. 1)〉(1871)은 '휘슬러의 어머니'로 더 널리 알려졌는데 인물화임에도 불구하고 색채와 구성의 조화에 초점을 맞추며, 인물 자체보다 화면 전체의 균형과 정서적 울림을 강조한다. 이러한 변화는 단순한 묘사를 넘어 예술의 추상성과 자율성을 옹호하는 휘슬러의 미학을 보여주는 결정적인 전환점이었다. 휘슬러는 또한 에칭가로 엄청난 명성을 얻었다. 그의 에칭 연작 중 유명한 것으로는 1879~1880년 베니스를 방문했을 때 제작한 '베네치아 에칭 연작'과 런던의 밤 풍경을 주제로 한 '야경 에칭 연작' 등이 있다.

이 시기의 또 다른 핵심은 일본 미술, 특히 우키요에의 영향이다. 휘슬러는 일본의 단순화된 구도, 비대칭적 화면 구성, 여백의 활용을 적극적으로 흡수하며 색채와 형태를 정제해나갔다. 이는 녹턴 시리즈와 같은 작품에서 극명하게 드러난다. 특히 〈검은색과 금색의 야상곡: 떨어지는 로켓(Nocturne in Black and Gold: The Falling Rocket)〉(1875)은 불꽃놀이의 찰나적 인상을 추상적 색면과 빛의 흐름으로 표현하며, 사실적인 묘사보다는 시각적·감정적 여운에 집중하는 휘슬러의 철학을 집약한다. 이처럼 1866년부터 1880년까지는 휘슬러가 자신의 양식을 확립하고 예술가로서의 독립적 목소리를 분명히 한 시기였다.

The Doorway, etching and drypoint, 1879–1880

Symphony in White, No. 3 1867

Arrangement in Grey and Black, No.2: Portrait of Thomas Carlyle 1872-1873

공간을 예술로 승화하다

휘슬러의 화가 인생에서 중요한 전환점은 1876년부터 완성한 〈공작의 방〉 작업이다. 이 작업은 단순한 그림 제작을 넘어, 실내 공간 전체를 하나의 예술 작품으로 재탄생시키는 장식 예술의 결정체였다. 영국 런던의 화려한 저택 안 방을 위해 제작된 이 프로젝트는 휘슬러가 회화뿐 아니라 디자인과 장식 예술 분야에서도 독창적인 미감을 펼칠 수 있었던 기회였다. 〈공작의 방〉은 이후 그의 예술 인생에서 장식성과 공간미학을 깊게 탐구하는 계기가 되었으며, 그의 말년 작품 세계를 대표하는 상징적인 작업으로 평가받는다.

예술 논쟁의 불꽃,
휘슬러와 러스킨의 법정 대결

제임스 휘슬러의 화가 인생에서 가장 큰 이슈 중 하나는 1877년에 벌어진 존 러스킨(John Ruskin)과의 법정 싸움이다. 러스킨은 휘슬러의 작품 〈검은색과 금색의 야상곡: 떨어지는 로켓〉을 공개적으로 비판하며 '예술가가 붓을 망치로 휘두른 것 같다'고 혹평했다. 이에 휘슬러는 명예훼손 소송을 제기했는데, 이 재판은 미술계에서 예술의 자율성과 표현의 자유에 대한 중요한 논쟁으로 떠올랐다. 비록 휘슬러가 법적 승리를 거두지는 못했지만, 이 사건은 그가 '예술을 위한 예술' 철학을 강력히 주장하는 계기가 되었고, 그의 명성과 영향력을 확고히 해주었다.

Study for the Portrait of F. R. Leyland 1870-1873

Cremorne Gardens, No. 2 1872-1877

Venetian Scene 1879

예술의 경계를 허물다
장식과 회화의 융합

1880년 이후 제임스 휘슬러의 작품 세계는 더욱 정제되고 장식적인 방향으로 나아간다. 그는 회화뿐 아니라 실내 장식, 가구 디자인 등으로 영역을 확장하며 예술 전반에 조화와 아름다움을 부여하는 전인적 미감을 추구했다.

동시에 그는 이전 시기보다 더 상징적이고 감각적인 화면을 추구했으며, 형상보다는 색조의 울림과 구도의 여운에 중점을 두었다. 후기 회화에서는 모델의 존재감이 흐릿하게 처리되거나 배경과 융합되며, 인물보다는 전체적인 분위기와 리듬이 강조된다.

대표작인 〈진주와 은의 어머니: 안달루시아 인(Mother of Pearl and Silver: The Andalusian)〉(1888-1900)은 정적인 인물 묘사 속에 은은한 색채 조화와 포즈의 우아함이 배어 있으며, 이전보다 더욱 절제된 구성미가 돋보인다. 휘슬러는 이 시기 이후 건강이 악화되어 작품 활동이 줄어들었지만, 그의 영향력은 여전했고, 유럽의 젊은 예술가들과 비평가들에게 '예술가의 예술가'로 추앙받았다.

Mother of Pearl and Silver: The Andalusian 1888-1900

Harmony in Pink and Grey: Lady Meux 1881

마지막 빛, 그리고 침묵 속의 울림

제임스 휘슬러의 말년은 점차 건강이 악화되면서 작품 활동이 줄어든 시기였다. 1880년대 후반부터 신경계 질환과 만성 질환에 시달리며 체력적으로 어려움을 겪었지만, 그의 예술적 열정은 꺼지지 않았다. 이 시기 휘슬러는 이전보다 더욱 절제되고 심오한 미학을 추구하며, 화면에 남은 흔적을 최소화하는 대신 색채와 구도의 완성도를 높였다. 특히 인물과 배경이 융합되는 듯한 흐릿한 경계, 은은하고 차분한 색채감은 관람자로 하여금 한층 깊은 정서적 몰입을 가능하게 했다. 휘슬러는 자신의 작품을 통해 단순한 시각적 재현을 넘어 예술이 지닐 수 있는 철학적이고 감각적인 차원을 탐색하며, 자신의 예술 세계를 한층 더 내면화시켰다.

휘슬러의 미학과 독창성은 이후 모더니즘 미술에 큰 영감을 주었으며, 특히 색채와 조형의 자율성을 강조하는 현대 미술의 흐름에 지대한 영향을 끼쳤다. 휘슬러가 세상을 떠난 1903년은 단순히 한 화가의 생애가 마무리된 시점이 아니라, 모던 아트의 새로운 지평을 여는 중요한 역사적 순간으로 평가된다. 그의 작품들은 오늘날에도 여전히 그 깊은 울림과 조화로운 아름다움으로 많은 사람들의 마음을 사로잡고 있다.

Arrangement in Pink, Red and Purple 1883-1884

Milly Finch 1884

Violet and Silver-The Deep Sea 1893

Arrangement in Black, No. 3: Sir Henry Irving as Philip II of Spain 1876

7월의 시인들

고석규
김소월
김영랑
노자영
백석
윤곤강
윤동주
이상화
이육사
이장희
장정심
정지용
허민
고바야시 잇사
다이구 료칸
마사오카 시키
사이교

고석규

高錫圭. 1932~1958. 시인이자 문학평론가. 함경남도 함흥 출생. 의사 고원식(高元植)의 외아들이다. 함흥에서 고등학교를 마치고 월남하여 6·25전쟁 때 자진입대했다. 부산대학교 문리과대학 국문학과를 거쳐 같은 대학원을 졸업하고, 강사로 있었다.

시인으로서의 그는 1953년부터 다양한 작품 활동을 펼쳤다. 〈매혼〉〈영상〉〈울음〉〈침윤〉〈길〉 등의 작품에서 보이는 감각적 이미지와 내면의식은 1950년대 한국 시의 변화 흐름을 보여주는 중요한 단서로 평가된다. 동시에 그는 문예지 〈신작품〉〈시조〉〈시연구〉 등을 중심으로 동료 시인들과 동인 활동을 활발히 이어갔으며, 시 창작뿐 아니라 평론 활동에도 남다른 열정을 보였다.

특히 1953년에 발표한 평론 〈윤동주의 정신적 소묘〉는 윤동주의 시세계를 '일제 암흑기 속 실존적 몸부림'으로 해석하며 이후 윤동주 연구의 출발점으로 자리잡았다. 평론집 『초극』(1954)을 비롯해 「지평선의 전달」「현대시의 전개」「시인의 역설」「시적 상상력」 등의 글에서도 그는 시와 현실, 사상과 형이상학의 관계를 깊이 있게 탐구했다. 하지만 문학에 대한 지나친 열정과 과로로 인해 그는 1958년, 26세에 심장마비로 생을 마감했다. 비록 짧은 생애였지만 고석규는 시와 평론 양면에서 뚜렷한 자취를 남긴, 전후 한국문학사의 중요한 인물로 기억된다.

김소월

金素月. 1902~1934. 일제강점기에 활동한 시인이다. 본명은 김정식(金廷湜)이지만, 호인 소월(素月)로 더 널리 알려져 있다. 본관은 공주(公州)이며, 평안북도 구성군에서 태어나 아버지의 고향인 평안북도 정주군에서 자랐다. 1915년 평안북도 정주군의 오산학교(五山學校) 중학부에 진학했으며 그곳에서 시적 스
승 김억과 사상적 스승 조만식을 만나게 된다. 1916년, 14세의 어린 나이에 할아버지의 주선으로 홍단실과 결혼했지만, 그 시기에 오산학교에서 만난 오순과 교제하게 된다. 오순과 김소월의 인연은 오순이 결혼하면서 끊어지게 되었고, 오순은 남편의 학대로 인해 22세에 사망했다고 한다. 일련의 일들을 겪으며 김소월은 이루어지지 못한 사랑에 대한 많은 시를 남겼고, 김소월의 대표적인 서정시로 자리잡았다.

1923년 일본의 도쿄상과대학(오늘날 히토쓰바시대학)으로 유학을 갔지만, 관동 대지진과 한국인 학살 사건 등으로 인해 대학을 중퇴하고 돌아오게 된다. 경성에 머무는 동안 김소월은 소설가 나도향과 친분을 쌓았으며, 고향으로 돌아오기 직전 1925년에는 스승 김억의 도움으로 시집『진달래꽃』을 자비 출판했다. 이 시집은 김소월의 유일한 시집이 되었다.

고향으로 돌아온 김소월은 돈을 벌기 위해 할아버지의 광산 경영을 돕

기도 하고, 광산이 망하자 〈동아일보〉 지국을 여는 등 애썼으나 일제의 방해 등으로 인해 문을 닫았다. 이후 빈곤에 시달리던 김소월은 술에 의지했으며, 1934년 12월 24일 평안북도 곽산 자택에서 33세 나이에 음독자살했다. 그는 서구 문학이 범람하던 시대에 민족 고유의 정서를 노래한 시인이라고 평가받고 서정적인 시로 오늘날까지도 많은 사랑을 받고 있다.

김소월은 서구 문학이 범람하던 시대 속에서 민족 고유의 정서를 노래한 시인으로 평가받으며, 서정적인 시를 통해 오늘날까지도 많은 사랑을 받고 있다. 1920년 시 〈낭인의 봄〉으로 작품 활동을 시작한 김소월은 〈진달래꽃〉〈금잔디〉〈엄마야 누나야〉〈산유화〉 등을 비롯해 많은 명시를 남겼다. 한 평론가는 그를 "그 왕성한 창작적 의욕과 전통적 가치를 고려할 때, 1920년대의 천재적인 시인"이라고 평가하기도 했다.

김영랑

金永郎. 1903~1950. 시인이자 독립운동가다. 본관은 김해(金海). 본명은 김윤식(金允植). 영랑은 아호인데 〈시문학(詩文學)〉에 작품을 발표하면서부터 사용하기 시작했다. 1903년 전라남도 강진에서 태어났다. 강진보통학교를 졸업한 후 1917년 휘문의숙에 입학했지만 1919년 3·1운동 때 학교를 그만두고 강진에서 만세운동을 벌일 계획을 세우다 체포되었다. 징역 1년 형을 받고 투옥되었지만, 실제 만세운동을 벌이지 않았다는 이유로 무죄를 선고받았다. 이후 1920년 일본 유학길에 올라 아오야마학원에서 영문학을 공부했다. 일본에서 유학하며 아나키스트이자 사회운동가인 박열과 교류했다. 1923년 관동대지진이 일어나면서 학업을 중단하고 귀국했다.

1930년 정지용, 박용철 등과 함께 〈시문학〉 동인에 가입하며 본격적인 작품 활동을 시작했다. 초기 시는 1935년 박용철에 의하여 발간된『영랑시집』초판의 수록시편들이 해당되는데, 여기서는 자연에 대한 깊은 애정이나 인생을 바라보는 태도에서의 역정(逆情)·회의 같은 것은 찾아볼 수 없다. '슬픔'이나 '눈물'의 용어가 수없이 반복되면서 그 비애의식은 영탄이나 감상에 기울지 않고, '마음'의 내부로 향하며 정감의 극치를 이루고 있다. 김영랑의 초기 시는 같은 시문학동인인 정지용 시의 감각적 기교와 더불어 그 시대 한국 순수시의 극치를 보여주고 있다.

김영랑은 특히 서정시의 대표적인 시인으로, 감성적이고 아름다운 언어로 민족적 정서를 표현하는 데 집중했다. 그의 시에는 자연과 인간, 사랑과 이별, 그리고 고향에 대한 향수가 깊이 묻어난다. 대표적인 작품으로는 〈모란이 피기까지는〉〈나그네〉〈춘원〉〈별〉〈시인의 시〉 등이 있다. 특히 〈모란이 피기까지는〉은 김영랑의 대표적인 시로, 사랑과 기다림, 그리고 삶에 대한 깊은 성찰이 녹아 있는 작품이다.

김영랑은 문학적인 성향상, 전통적인 한국 시의 양식을 고수하면서도, 그 안에 근대적 감각을 녹여내고자 했다. 그는 민족의 정서를 현대적이고 미학적인 방식으로 풀어내는 데 집중했다. 이러한 특성 덕분에 김영랑은 한국 문학사에서 중요한 역할을 하게 되었다.

1940년을 전후하여 민족항일기 말기에 발표된 〈거문고〉〈독(毒)을 차고〉〈망각(忘却)〉〈묘비명(墓碑銘)〉 등의 후기 시에서는 그 형태적인 변모와 함께 인생에 대한 깊은 회의와 '죽음'의 의식이 나타나 있다.

김영랑은 1950년 한국전쟁 당시 서울에서 포탄 파편에 맞아 48세에 사망했다.

노자영

盧子泳. 1898~1940. 시인이자 작가다. 호 는 춘성(春城)이며, 출생지는 황해도 장연 또는 송화군으로 전해지고 있지만 정확한 것은 알 수가 없다.
평양 숭실중학교에 입학하여 신문학을 접 하면서 톨스토이, 하이네, 보들레르 등을 탐독했다. 졸업 후에는 고향의 양재학교에
서 교편생활을 한 적이 있으며, 문학에 대한 열정도 계속되어 낮에는 학생들을 가르치고 밤에는 글을 썼다.
1919년 상경하여 한성도서주식회사에 입사하여 〈학생계〉와 〈서울〉지 의 기자로 활동했다. 이 시기에 같은 잡지에 시를 발표하기 시작했다. 1935년에는 조선일보 출판부에 입사하여 〈조광(朝光)〉지를 맡아 편집 하였다. 1938년에는 기자 생활을 청산하고 청조사(靑鳥社)를 직접 경영 한 바 있다.
노자영의 시는 낭만적 감상주의로 일관되고 있으나 때로는 신선한 감 각을 보여주기도 한다. 산문에서도 소녀 취향의 문장으로 명성을 떨쳤 다. 『처녀의 화환』(1924) 『내 혼이 불탈 때』(1928) 『백공작』(1938) 등의 시 집과 『청춘의 광야』(1924) 『표박(漂泊)의 비탄』(1925) 『사랑의 불꽃: 연애 서간』(1931) 『나의 화환-문예미문서간집』(1939) 등의 문집, 그리고 『반 항』(1923) 『무한애의 금상』(1925) 등의 소설집을 출간했다.

백석

白石. 1912~1996. 일제 강점기와 조선 민주주의인민공화국의 시인이자 소설가, 번역문학가이다. 본명은 백기행(白夔行)이며 본관은 수원(水原)이다. '白石(백석)'과 '白奭(백석)'이라는 아호(雅號)가 있었으나, 작품에서는 거의 '白石(백석)'을 쓰고 있다.

평안북도 정주(定州) 출신. 오산고등보통학교를 마친 후, 일본에서 1934년 아

오야마학원 전문부 영어사범과를 졸업하였다. 부친 백용삼과 모친 이봉우 사이의 3남 1녀 중 장남으로 출생했다. 부친은 우리나라 사진계의 초기인물로 〈조선일보〉의 사진반장을 지냈다. 모친 이봉우는 단양군수를 역임한 이양실의 딸로 소문에 의하면 기생 내지는 무당의 딸로 알려져 백석의 혼사에 결정적인 지장을 줄 정도로 당시로서는 심한 천대를 받던 천출의 소생으로 알려져 있다. 1930년 〈조선일보〉 신년현상문예에 1등으로 당선된 단편소설 〈그 모(母)와 아들〉로 등단했고, 몇 편의 산문과 번역소설을 내며 작가와 번역가로서 활동했다. 실제로는 시작(時作) 활동에 주력했으며, 1936년 1월 20일에는 그간 〈조선일보〉와 〈조광(朝光)〉에 발표한 7편의 시에, 새로 26편의 시를 더해 시집 『사슴』을 자비로 100권 출간했다. 이 무렵 기생 김진향을 만나 사랑에 빠졌고 이때 그녀에게 '자야(子夜)'라는 아호를 지어주었다. 이후 1948년 〈학풍

(學風)〉 창간호(10월호)에 〈남신의주 유동 박시봉방(南新義州 柳洞 朴時逢方)〉을 내놓기까지 60여 편의 시를 여러 잡지와 신문, 시선집 등에 발표했으나, 분단 이후 북한에서의 활동은 정확히 알려진 것이 없다. 백석은 자신이 태어난 마을과 마을 사람들 그리고 주변 자연을 대상으로 시를 썼다. 작품에는 평안도 방언을 비롯하여 여러 지방의 사투리와 고어를 사용했으며 소박한 생활 모습과 철학적 단면이 시에 잘 드러나 있다. 그의 시는 한민족의 공동체적 친근감에 기반을 두었고 작품의 도처에는 고향의 부재에 대한 상실감이 담겨 있다.

윤곤강

尹崑崗, 1911~1949. 일제강점기의 시인이자 문학평론가다. 1911년 충청남도 서산에서 태어났으며, 본명은 윤붕원(尹朋遠), 아명은 윤명원(尹明遠)이다. 1930년 보성고등보통학교를 졸업한 뒤 같은 해 혜화전문학교(지금의 동국대학교)에 입학했다가 중퇴했다. 이후 1933년 일본으로 갔으며, 1935년 센슈대학교 법철학과를 졸업했다.

1936년 〈시학(詩學)〉 동인의 한 사람으로 문단에 등장했다. 초기에는 카프(KAPF)파의 한 사람으로 시를 썼으나 곧 암흑과 불안, 절망을 노래하는 퇴폐적 시풍을 띠게 되었고 풍자적인 시를 썼다. 윤곤강의 시는 초기에 하기하라 사쿠타로와 보들레르의 영향을 받았고, 해방 후에는 전통적 정서에 대한 애착과 탐구로 기울어지기 시작했다.

윤곤강의 작품세계는 크게 해방 전과 후로 나뉜다. 초기 시집에서는 식민지 지식인의 허탈함과 무력함을 담은 고통스러운 현실을 노래했다. 해방 이후에는 전통을 계승하고 민족 정서를 탐구하고자 하며 새로운 시도를 했다.

동인지 〈시학〉을 주간하였으며, 출간한 시집으로는 첫 시집 『대지』(1937)를 비롯해 『만가』(1938) 『동물시집』(1939) 『빙화』(1940) 『살어리』(1948) 등이 있고, 시론집으로 『시와 진실』(1948)이 있다.

윤동주

尹東柱. 1917~1945. 일제강점기의 저항(항일) 시인이자 독립운동가다. 아명은 해환(海煥). 만주 북간도의 명동촌에서 태어났으며, 기독교인인 할아버지의 영향을 받았다. 1931년(14세)에 명동소학교를 졸업하고, 한때 중국인 관립학교인 대랍자(大拉子)소학교를 다니다 가족이 용정으로 이사하자 용정에 있는 은진중학교에 입학했다.
1935년에 평양의 숭실중학교로 전학하였으나, 학교에 신사참배 문제가 발생하여 폐쇄당하고 말았다. 다시 용정에 있는 광명학원의 중학부로 편입하여 거기서 졸업했다. 1941년에는 서울의 연희전문학교 문과를 졸업하고, 일본으로 건너가 도쿄에 있는 릿쿄 대학 영문과에 입학했다가, 다시 1942년, 도시샤 대학 영문과로 옮겼다. 1943년 7월 학업 도중 귀향하려던 시점에 항일운동을 했다는 혐의로 일본 경찰에 체포되어 2년 형을 선고받고 후쿠오카 형무소에서 복역했다. 그러나 복역 중 건강이 악화되어 1945년 2월에 생을 마감하고 말았다. 유해는 그의 고향 용정에 묻혔다. 한편, 그의 죽음에 관해서는 옥중에서 정체를 알 수 없는 주사를 정기적으로 맞은 결과이며, 이는 일제의 생체실험의 일환이었다는 주장도 제기되고 있다.

15세 때부터 시를 쓰기 시작하여 첫 작품으로 〈삶과 죽음〉〈초한대〉를 썼다. 발표 작품으로는 만주 연길에서 발간된 잡지 〈가톨릭 소년〉에 실린 동시 〈병아리〉(1936. 11) 〈빗자루〉(1936. 12) 〈오줌싸개 지도〉(1937. 1) 〈무얼 먹구사나〉(1937. 3) 〈거짓부리〉(1937. 10) 등이 있다. 연희전문학교 시절 작품으로는 〈조선일보〉에 발표한 산문 〈달을 쏘다〉, 교지 〈문우〉에 게재된 〈자화상〉 〈새로운 길〉이 있다. 그의 유작인 〈쉽게 쓰여진 시〉는 사후인 1946년 〈경향신문〉에 게재되기도 했다.

윤동주의 대표작으로는 〈서시〉 〈별 헤는 밤〉 〈자화상〉 등이 있으며, 그 중에서도 〈서시〉는 그의 철학적이고 민족적 고뇌를 잘 나타낸 작품으로, 현재까지도 많은 사람들이 기억하는 명작으로 꼽힌다. 이 시는 자기 자신을 고백하는 형식으로 시작되며, 일제의 압박 속에서 자아를 찾고자 하는 고독한 내면의 목소리를 담고 있다.

윤동주의 절정기에 쓰인 작품들을 1941년 연희전문학교를 졸업하던 해에 '하늘과 바람과 별과 시'라는 제목으로 발간하려 하였으나 뜻을 이루지 못했다. 그의 자필 유작 3부와 다른 작품들을 모아 친구 정병욱과 동생 윤일주가, 사후에 그의 뜻대로 1948년, 『하늘과 바람과 별과 시』라는 제목으로 출간했다. 29년의 짧은 생애를 살았지만 특유의 감수성과 삶에 대한 고뇌, 독립에 대한 소망이 서려 있는 작품들로 인해 대한민국 문학사에 길이 남은 전설적인 문인이다. 2017년 12월 30일, 탄생 100주년을 맞이했다.

이상화

李相和. 1901~1943. 시인. 경상북도 대구에서 태어났다. 7세에 아버지를 잃고, 14세까지 가정 사숙에서 큰아버지 이일우의 훈도를 받으며 수학하였다. 18세에 경성중앙학교(지금의 중앙 중·고등학교) 3년을 수료하고 강원도 금강산 일대를 방랑하였다. 1917년 대구에서 현진건·백기만·이상백과 《거화(炬火)》를 프린트판으로 내면서 시작 활동을 시작하였다. 21세에는 현진건의 소개로 박종화를 만나 홍사용·나도향·박영희 등과 함께 '백조(白潮)' 동인이 되어 본격적인 문단 활동을 시작하였다. 그의 후기 작품 경향은 철저한 회의와 좌절의 경향을 보여주는데 그 대표적 작품으로는 〈역천(逆天)〉(시원, 1935)·〈서러운 해조〉(문장, 1941) 등이 있다. 문학사적으로 평가하면, 어떤 외부적 금제로도 억누를 수 없는 개인의 존엄성과 자연적 충동(情)의 가치를 역설한 이광수의 논리의 연장선상에 놓여 있는 '백조파' 동인의 한 사람이다. 동시에 그 한계를 뛰어넘은 시인으로, 방자한 낭만과 미숙성과 사회개혁과 일제에 대한 저항과 우월감에 가득한 계몽주의와 로맨틱한 혁명사상을 노래하고, 쓰고, 외쳤던 문학사적 의의를 보여주고 있다.

이육사

李陸史. 1904~1944. 일제강점기의 문학인이자 독립운동가다. 1904년 경상북도 안동 도산면에서 태어나 퇴계 이황의 14대손으로 성장했다. 어린 시절 한학을 배우다가 도산공립보통학교에서 신학문을 접했고, 이후 가족과 함께 대구로 이주한 뒤 의열단 활동에 가담하며 항일운동의 길에
들어섰다. 1927년 조선은행 대구지점 폭파 사건에 연루되어 투옥되며 독립운동가로서의 삶을 본격적으로 시작했다.

그는 '이활', '대구264', '육사' 등 다양한 필명을 사용했는데, '육사'는 수인번호 264와 '역사를 찢어 죽인다'는 의미의 '륙사(戮史)'에서 유래한 것이다. 1930년 〈조선일보〉에 시 〈말〉을 발표하며 문단에 등장했고, 이후 기자로 활동하며 문학과 저항을 병행했다. 중국과 대구, 경성부를 오가면서 항일 운동을 하고 시인부락, 자오선 동인으로 작품도 발표했다. 그동안 대구 격문 사건 등으로 수차례 체포, 구금되었다.

1943년 귀국 중 체포되어 베이징으로 압송된 이육사는, 베이징 주재 일본 총영사관 감옥에 수감되어 1944년 1월 41세의 나이로 옥사했다. 그는 시와 행동으로 저항을 실천한 대표적 항일 시인이며, 문학과 혁명의 경계를 넘나든 지식인으로 평가받는다.

이장희

李章熙. 1900~1929. 일제강점기의 시인이다. 본명은 이양희(李樑熙), 아호는 고월(古月). 1900년 경상북도 대구에서 태어났다. 대구보통학교와 일본 교토중학교를 졸업했다. 1920년에 이장희(李樟熙)로 개명하였으나 필명으로 장희(章熙)를 사용한 것이 본명처럼 되었다. 문단의 교우 관계는 양주동·유엽·김영진·오상순·백기만·이상화 등 극히 제한되어 있었다. 이장희의 아버지는 조선총독부 중추원의 참의로서 일본인들과의 교류가 활발했다. 이장희에게 통역을 맡기려고 하거나 총독부 관리로 취직하라고 권유했지만 이장희는 그 말들을 한 번도 따르지 않고 모두 거부했다. 이후 이장희의 아버지도 이장희를 버린 자식으로 취급했으며, 이장희는 매우 가난하게 살았다. 세속적인 것을 싫어하여 고독하게 살다가 1929년 11월 대구 자택에서 음독자살했다.

1924년 〈금성〉 3월호에 〈실바람 지나간 뒤〉〈새한마리〉〈불놀이〉〈무대〉〈봄은 고양이로다〉 등 5편의 시와 톨스토이 원작의 번역소설 〈장구한 귀양〉을 발표하면서 등단했다. 이후 〈신민〉〈생장〉〈여명〉〈신여성〉〈조선문단〉 등 잡지에 〈동경〉〈석양구〉〈청천의 유방〉〈하일소경〉〈봄철의 바다〉 등 30여 편의 작품을 발표했다. 요절하였기에 생전에 출간된 시집은 없으며, 이장희의 사후인 1951년, 백기만이 6.25 한국

전쟁 중 청구출판사에서 펴낸 『상화와 고월』에 시 11편만 실려 전해지다가 제해만 편 『이장희전집』(문장사, 1982)과 김재홍 편 『이장희전집평전』(문학세계사, 1983)등 두 권의 전집에 유작이 모두 실렸다.

이장희의 전 시편에 나타난 시적 특색은 섬세한 감각과 시각적 이미지, 그리고 계절의 변화에 따른 시적 소재의 선택에 있다. 대표작 〈봄은 고양이로다〉는 다분히 보들레르와 같은 발상법을 바탕으로 하고 있는데 '고양이'라는 한 사물이 예리한 감각으로 조형되어 생생한 감각미를 보인다. 이 시는 작자의 순수지각(純粹知覺)에서 포착된 대상인 고양이를 통해서 봄이 주는 감각을 집약적으로 표현하고 있다. 1920년대 초반의 시단은 퇴폐주의·낭만주의·자연주의·상징주의 등 서구 문예사조에 온통 휩싸여 퇴폐성이나 감상성이 지나치게 노출되어 있었음에도 불구하고, 그의 시는 섬세한 감각과 이미지의 조형성을 보여주고 있다. 바로 뒤를 이어 활동한 정지용과 함께 한국시사에서 새로운 시적 경지를 개척했다.

장정심

張貞心. 1898~1947. 일제강점기의 시인이자 독립운동가다. 1898년 개성에서 태어났다. 호수돈여자고등보통학교를 마치고 서울로 와서 이화학당유치사범과 협성여자신학교를 졸업하고 감리교여자사업부 전도사업에 종사했다.

1927년경부터 시를 쓰기 시작하여 많은 작품을 신문과 잡지에 발표했다. 기독교계에서 운영하는 잡지〈청년(靑年)〉에 발표하면서부터 등단했다. 1933년 한성도서주식회사에서 간행한 『주(主)의 승리(勝利)』는 그의 첫 시집으로 신앙생활을 주제로 하여 쓴 단장(短章)으로 엮었다. 1934년 경천애인사(敬天愛人社)에서 출간된 제2시집 『금선(琴線)』은 서정시·시조·동시 등으로 구분하여 200수 가까운 많은 작품을 수록하고 있다.

그녀의 시는 서정적이고 감성적이며, 자아의 내면과 여성적 정서를 중심으로 한 작품들이 많다. 또한, 근대화와 전쟁, 여성의 삶에 대한 고찰을 시로 풀어내며, 한국 문학에서 여성의 목소리를 더욱 선명하게 표현한 시인으로 평가된다. 독실한 신앙심을 바탕으로 한 맑고 고운 서정성의 종교시를 씀으로써 선구자적 소임을 다한 시인으로 높이 평가되고 있다.

정지용

鄭芝溶. 1902~1950. 대한민국의 대표적 서정 시인이다. 충청북도 옥천군에서 태어났다. 연못의 용이 하늘로 올라가는 태몽을 꾸었다고 하여 아명은 지룡(池龍)이라고 했다. 당시 풍습에 따라 열두 살에 송재숙과 결혼했으며, 1914년 아버지의 영향으로 로마 가톨릭에 입문하여 '방지거(方濟各, 프란치스코)'라는 세례명을 받았다.  옥천공립보통학교와 휘문고등보통학교를 졸업했고, 일본의 도시샤대학에서 영문학을 공부했다. 1926년 〈학조〉 창간호에 「카페·프란스」를 발표하면서 등단했다.

정지용은 섬세하고 독특한 언어를 구사하며, 생생하고 선명한 대상 묘사에 특유의 빛을 발하는 시인이다. 한국현대시의 신경지를 열었다는 평가를 받고 있으며, 이상을 비롯하여 조지훈·박목월 등과 같은 청록파 시인들에게 영향을 주었다. 그는 휘문고보 재학 시절 〈서광〉 창간호에 소설 〈삼인〉을 발표하였으며, 일본 유학시절에는 대표작이 된 〈향수〉를 썼다. 1930년에 시문학 동인으로 본격적인 문단 활동을 했고, 구인회를 결성하고, 문장지의 추천위원으로도 활동했다. 해방 이후 〈경향신문〉의 주간으로 일하며 대학에도 출강했는데, 이화여대에서는 라틴어와 한국어를, 서울대에서는 시경을 강의했다.

1950년 한국전쟁이 일어난 뒤에는 김기림·박영희 등과 함께 서대문형무소에 수용되었고, 이후 납북되었다가 사망했다. 사망 장소와 시기는 정확히 확인되지 않았는데, 1953년 평양에서 사망했다고 알려져 있다.
정지용은 서정적이고 감각적인 표현, 자연과 인간의 관계, 민족적 정서와 고전적 미학을 현대적 감각으로 풀어낸 시인으로, 한국 현대 시의 큰 기초를 닦았으며, 그의 문학적 특징은 오늘날까지 많은 이에게 영향을 미쳤다. 정지용의 시에서 가장 중요한 주제 중 하나는 자연과 인간을 하나로 엮는 것이다. 그는 자연과 인간의 융합을 통해 삶의 의미와 본질을 풀어냈으며, 자연의 변화를 통해 인간의 삶에 대한 성찰과 깨달음을 표현하려 했다. 특히 그의 대표작 〈향수〉에서는 자연과 인간의 감정이 유기적으로 결합되어 하나의 독특한 시적 세계를 만들어냈다.
주요 저서로는 『정지용 시집』(1935) 『백록담』(1941) 『지용문학독본』 (1948) 『산문』(1949) 등이 있다. 정지용의 고향 충북 옥천에서는 매년 5월에 지용제를 개최하고 있으며, 1989년부터는 시와 시학사에서 정지용문학상을 제정하여 매년 시상하고 있다.

허민

許民. 1914~1943. 일제강점기의 시인이자 소설가다. 1914년 경남 사천에서 태어났다. 본명은 허종(許宗)이고, 허민(許民)은 필명이다. 이외에도 허창호(許昌瑚), 일지(一枝), 곡천(谷泉) 등의 필명을 썼고, 법명으로 야천(野泉)이 있다. 측량기사였던 아버지가 허민 생후 삼 일째 되는 날 요절한 이후 어머니와 외조부의 슬하에서 자랐다. 1936년 12월 〈매일신보〉 현상 공모에 단편소설 「구룡산(九龍山)」이 당선되어 등단하였다. 시인 유엽 추천으로 1940년에 시 〈야산로(夜山路)〉를 〈문장(文章)〉에 발표하였고, 1941년에는 이태준의 추천으로 단편 「어산금(魚山琴)」을 같은 잡지에 발표하였다. 1941년 시 〈해수도(海水圖)〉를 〈만선일보〉에 발표하였다.

허민의 시는 자유시를 중심으로 시조, 민요시, 동요, 노랫말에다 성가, 합창극에까지 이르는 다양한 갈래에 걸쳐 있다. 시의 제재는 산·마을·바다·강·호롱불·주막·물귀신·산신령 등 자연과 민속에 속하며, 주제는 막연한 소년기 정서에서부터 농촌을 중심으로 민족 현실에 대한 다채로운 깨달음과 질병(폐결핵)에 맞서 싸우는 한 개인의 실존적 고독 등을 표현하고 있다.

그의 대표적인 시 〈율화촌(栗花村)〉은 단순한 복고취미로서의 자연 애호에서 벗어나 인정이 어우러진 안온한 농촌공동체를 형상화함으로써 시적 비전을 제시하고자 하였다.

이 외에도 소설 작품으로 「사장(射場)」 「석이(石茸)」가 있다. 아울러 동화로 「박과 호박」이 있고, 수필로 「단풍(丹楓)」이 있으며, 평론 「나의 영록기(迎綠記)」가 있다.

고바야시 잇사

小林一茶. 1763~1828. 에도 시대의 하이카이시(俳諧師, 일본 고유의 시 형식인 하이카이, 즉 유머러스한 내용의 시를 짓던 사람)다. 나가노현의 가난한 농가에서 태어났으며, 본명은 고바야시 야타로(こばやし やたろう)다. 15세 때 고향 시나노를 떠나 에도를 향해 유랑 길에 올랐다.

39세에 아버지를 여읜 뒤, 계모와 유산을 놓고 격렬히 분쟁하기도 했다. 40대에 접어든 잇사는 주로 바소 지역으로 하이쿠 여행을 다니며 생계를 유지했다. 그와 동시에, 그는 나쓰메 세이미(夏目 成美) 등과 함께 가쓰시카파(葛飾派)의 경계를 넘어 당시 실력 있는 하이쿠 시인들과 교류를 넓혀갔다. 이 과정에서 그는 하이쿠 문단에서 '잇사조(一茶調)'라는 독자적인 하이쿠 스타일을 확립하였고, 당시 하이쿠계에서 널리 알려지게 되었다.

하지만 하이쿠 여행을 통해 생계를 유지하던 잇사는 불안정한 생활 때문에 계모와 동생과의 유산 상속 문제를 계속해서 협상했으며, 고향에서 하이쿠 스승으로서 안정적인 삶을 살기 위해 '잇사 사중(一茶社中)'을 결성하여 활동을 이어갔다.

잇사의 하이쿠는 소박하고 따뜻한 감성을 담고 있으면서도, 삶의 고통과 덧없음을 유머러스하게 표현한 것이 특징이다. 특히 가난, 가족의 죽음, 외로움 같은 개인적인 아픔을 자연 속에서 위로받으며 시로 풀어냈다. 또한 어려서부터 역경을 겪은 탓에 속어와 방언을 섞어 생활감정을 표현한 구절을 많이 남겼다. 마쓰오 바쇼, 요사 부손과 함께 일본 하이쿠의 3대 거장으로 꼽힌다.

다이구 료칸

大愚良寬, 1758~1831. 에도 시대의 승려이자 시인, 서예가다. 에치고 국(지금의 니가타현) 이즈모자키에서 태어났다. 어린 시절부터 학문에 재능을 보였으나, 18세에 출가하여 조동종 사찰인 고쇼지(光照寺)에서 수행을 시작했다. 그 후 엔도지(円通寺)에서 12년간 엄격한 수도생활을 했으며, 스승의 유언에 따라 일본 각지를 떠도는 탁발승 생활을 했다.
다이구 료칸은 무욕의 화신, 거지 성자로 불리는 일본의 시승이다. 시승이란 문학에 밝아, 특히 시 창작에서 뛰어난 역량을 발휘한 불교 승려를 지칭하는 말이다. "다섯 줌의 식량만 있으면 그것으로 족하다."라는 말이 뜻하듯 인간이 보여줄 수 있는 무욕과 무소유의 최고 경지를 몸으로 실천하며 살았다. 료칸은 살아가는 방도로 탁발, 곧 걸식유행(乞食遊行)을 한 것으로 유명하다. 오늘날 일본 곳곳에 세워진 그의 동상 역시 대개 탁발을 하는 형상이다. 료칸은 떠돌이 생활을 하면서도 시를 써가며 내면의 행복을 유지하며 청빈을 실천했고, 그의 철학관은 시에 그대로 담겨 있다.

마사오카 시키

正岡子規. 1867~1902. 일본 메이지 시대의 시인이자 일본어학 연구가다. 하이쿠, 단카, 신체시, 소설, 평론, 수필을 위시해 많은 저작을 남겼다. 니혼신문 기자로 활동하며 '시키'라는 필명으로 하이쿠를 쓰기 시작했고, 1890년대부터 하이쿠와 단카 개혁운동을 주도하며 일본 문학사에 큰 영향을 끼쳤다. 메이지 시대를 대표할 정도로 전형이 될 만한 특징이 있는 문학가 중 한 명이다.

그는 1894년 청일전쟁에 종군기자로 참전하였으나 귀국 도중 병세가 악화되어 결핵 판정을 받았고, 이후 투병생활을 하며 고향과 도쿄를 오갔다. 병상에서도 하이쿠 잡지인 〈호토토기스〉를 창간하고, 요사 부손을 연구하고, 네기시 단가 모임을 주도하는 등 왕성한 문예활동을 이어갔다. 나쓰메 소세키와도 교류하며 문단에 큰 영향을 준 인물이다.

병상에서 마사오카는 『병상육척(病牀六尺)』을 남기고, 1902년 결핵으로 34세의 젊은 나이에 사망한다. 『병상육척』은 결핵으로 투병하면서도 어떤 감상이나 어두운 그림자 없이 죽음에 임한 마사오카 시키 자신의 몸과 정신을 객관적으로 사생한 뛰어난 인생기록으로 평가받으며 현재까지 사랑받고 있으며, 같은 시기에 병상에서 쓴 일기인 『앙와만록(仰臥漫錄)』의 원본은 현재 효고 현 아시야 시의 교시 기념 문학관(虛子記念文學館)에 수장되어 있다.

사이교

西行. 1118~1190. 헤이안 시대의 승려 시인이며 와카(和歌) 작가다. 본명은 사토 노리키요(佐藤義清)다.

사이교의 가문은 무사 집안으로 그 역시 천황이 거처하는 곳(황거)의 북면을 호위하는 무사였다. 와카와 고시쓰(故実)에도 능통하였던 사이교는 스토쿠 천황의 와카 상대를 맡기도 했으나, 1140년 23세로 출가해 엔기(円位)라 이름했다가 뒤에 사이교(西行)로도 칭했다. 돌연 출가하여 무사의 신분을 버리고 승려가 되어 불법 수행과 더불어 일본의 전통 시가인 와카 수련에 힘썼다. 1149년 무렵에는 일본 불교의 중심지 중 하나인 코야산(高野山, 현재 와카야마현 코야초)에 들어가 본격적으로 수행했다. 이외에도 각지를 돌아다니며 많은 와카를 남겼는데,『신고금와카집(新古今和歌集)』에는 그의 작품 94편이 실려 있다. "꽃 아래에서 봄에 죽기를 원하노라. 2월의 보름달이 떠오를 때(願はくは花の下にて春死なん そのきさらぎの望月のころ)"라는 유명한 와카를 남기기도 했다. 후지와라노 사다이에(藤原定家) 같은 유명한 시인이나 마쓰오 바쇼 같은 하이쿠 시인도 그의 작품에 감명을 받았다고 한다. 1190년, 73세의 나이로 입적(入寂)했다.

Arrangement in Flesh Colour and Black: Portrait of Theodore Duret 1883

Note in Pink and Brown 1880

열두 개의 달 시화집 플러스 七月
천둥소리가 저 멀리서 들려오고

초판 1쇄 인쇄 2025년 6월 20일
초판 1쇄 발행 2025년 7월 1일

시인 윤동주 외 16명
화가 제임스 휘슬러
발행인 정수동
편집주간 이남경
편집 김유진
표지 디자인 Yozoh Studio Mongsangso

발행처 저녁달
출판등록 2017년 1월 17일 제406-2017-000009호
주소 경기도 파주시 문발로 142 니은빌딩 304호
전화 02-599-0625
팩스 02-6442-4625
이메일 book@mongsangso.com
인스타그램 @eveningmoon_book
ISBN 979-11-89217-61-7   04800
세트 ISBN 979-11-89217-46-4   04800

*저작권법에 의해 보호를 받는 저작물이므로 무단전재와 무단복제를 금합니다.
*잘못 만들어진 책은 구입하신 서점에서 교환해드립니다.